ESPERA
INSTRUMENTAL

ESPERA INSTRUMENTAL

Myriam Soteras

XXI Premio de Poesía Dionisia García
Universidad de Murcia

Soteras, Myriam

Espera instrumental / Myriam Soteras.-- Murcia : Universidad de Murcia, Servicio de Publicaciones, 2024.

137 p.-- (Editum Aula de poesía)

XXI Premio de Poesía Dionisia García.
ISBN 978-84-10172-04-3

Poesía española-Siglo 21º-Textos.
Poesía española-Murcia (Comunidad Autónoma)-Siglo 21º-Textos.
Universidad de Murcia. Servicio de Publicaciones.

821.134.2-1"20"

1ª Edición 2024

ISBN: 978-84-10172-04-3

Depósito Legal: MU 618-2024
Impreso en España - Printed in Spain

Imprime: Servicio de Publicaciones. Universidad de Murcia
Campus de Espinardo. 30100-MURCIA

Este libro ha obtenido el *XXI Premio de Poesía Dionisia García-Universidad de Murcia*, cuyo jurado estuvo compuesto por D. Francisco Javier Díez de Revenga Torres, D. Eloy Sánchez Rosillo, D. José María Álvarez Alonso-Hinojal, Dª. Juana Castro Muñoz, Dª. Amalia Iglesias Serna, Dª. Cristina Morano Carretero y Dª. Isabelle García Molina.

A mi madre, que me enseñó a volar.

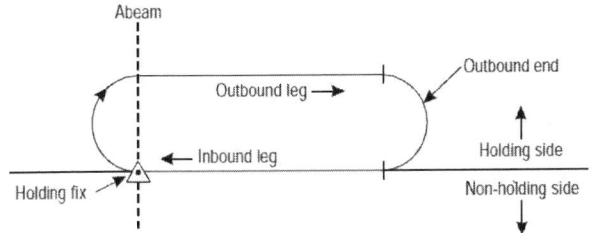

La espera instrumental es un procedimiento predeterminado que mantiene a una aeronave en vuelo elíptico dentro de un espacio aéreo específico, desde y hasta el punto de aterrizaje, mientras espera una autorización adicional para tomar tierra.

ESPERAS INSTRUMENTALES. Versión 1.0 – Junio, 2017.
IVAO URUGUAY. Departamento de Entrenamiento.

VLADIMIR: *¿Qué? ¿Nos vamos?*

ESTRAGÓN: *Vamos.*

(No se mueven)

Samuel Beckett

– outbound –

Recoges la mesita plegable y escribes, torcida, en un margen: los aviones aterrizan como los poemas; solo regresando encuentran el rumbo.

Así que aquí estoy, cabeza abajo dentro de una mujer.

Ian McEwan

Puede que sean los dientes.
Lo que se forma dentro y aún no es.
Lo que duele si crece. Lo que nace
para ser reemplazado.

—Lo lácteo es provisorio.

Puede que sea esa la señal.
El estigma.

En todos tus trayectos, siempre un niño que llora. Un niño que recuerda la Voz. Hasta el primer olvido. Ese primero. Ese que sana la locura. Que alumbra la nostalgia.

Dicta la sentencia:

—Allá habrá luz y tú andarás tras ella.

—Tendrás una cabeza. Manos. Hiel.

—Te latirá por dentro sangre propia.

—Aprenderás la espera. Habrás nacido.

Firmas.

—Morirás.

Ya estás muriendo.

En todos tus trayectos, siempre un niño que llora. El hambre prohíbe el silencio. Como la memoria.

El infierno son tres minutos de hambre.

Iñaki C. Nazabal

Una madre posterga el dolor del calostro.
Una madre maestra:
—La paciencia es esto.
Y es cruel.

En la rayita azul, parpadeante, del mapa en las pantallas, adviertes el significado del crecimiento negativo de la distancia: la prolongación natural del tiempo.

Las victorias se marcan hiriendo las jambas de las puertas.
Una corona sobre la cabeza.

La muesca más alta señala el principio de la merma.
Una condena sobre la cabeza.

El tiempo hecho rasguño enmarca la posibilidad de huir.
No es hacia arriba. Es a través.

En todos tus trayectos, siempre, sobre todo al final, alguien que reza.

Ja no hi havia cap déu vigilant on creixíem.

Max Codinach Sendra

Rezabas:
Que venga papá a las cinco a la puerta del colegio.
Que venga papá a las seis a la puerta del colegio.
Que venga papá a las siete a la puerta del colegio.
Que venga papá a las ocho a la puerta del colegio.
Que venga papá a las nueve a la puerta del colegio.

Pero a la fe
le pudo siempre el sueño.

El correo postal viajaba en la panza de los aviones. ¿Cuántas cartas no llegaron, no partieron? ¿Cuántos silencios en la boca de un buzón?

Cosas asombrosas ocurrirán hoy.

Tita Berasategui

Frente a la caja con tu nombre, olvidas que el cartero
son los padres.
Ante la boca de una caja huérfana, rezas así:
Nuestro sobresalto de cada día, dánoslo hoy.
Vuelves siempre mañana a descubrir el vacío.
Bendita amnesia. Bendita fe. Bendita espera.

El correo postal viajaba en la panza de los aviones. ¿Cuántas palabras debieron tragarse? ¿Cuántas llegaron digeridas, otras?

Es en la espera de un algo que otro algo es.

Hay tanta generosidad en las cosas
en la madre
en la piedra
en el silencio

> que dejan de ser para ser otro
> en la especie
> en la ruina
> en el poema.

En todos tus trayectos, siempre una claridad.
Por la ley de la emergencia. Los ingenieros son
supersticiosos. Tu suerte es un antifaz.

Te consolaron siempre las ventanas:
ese empeñarse en la fugacidad de las cosas altas,
ese durar hasta que dejes de mirar que tienen
el mar, los desiertos, los campos de girasoles.

Ni siquiera en los túneles cierras los ojos:
te gusta ver pasar el negro. Entonces,
pegas las manos a los cristales
haciendo cacito. Colocas
en medio la frente contra el frío. Abres
todavía más los ojos.
                              Vuelve
siempre el relámpago. La ceguera de los principios.
                              Vuelve
siempre el color del tiempo a las ventanas.

Una madre dice: «estate quieta». Una hija inmóvil vuela a quinientos veinte kilómetros por hora. Una infancia, más rápido.

Vamos, despierta. Aún no has visto nada.

Toni Quero

Un parpadeo extiende el tiempo.
De pronto, tienes edad para la noche.
Más viva que el día.
Más corta.

Un parpadeo reduce el tiempo.
De pronto, tienes edad para la paradoja.

Aburrida, repasas mentalmente los olvidos en tu maleta. Las perchas vacías en tu armario. Pasas lista de tus huecos. Un entretenimiento.

En el mismo cajón: un pijama con osos, un paquete entero de tampax y un insomnio recién estrenado.
—Olvidarán.

En el mismo cajón: un gramo o dos de chocolate barato en una cajetilla de marlboro con once cigarrillos y tres fotografías de fotomatón en el chivato.
—Llamará.

En el mismo cajón: ejercicios de inglés en blanco, la entrada para el próximo concierto de hombresgé y una caja de durex por estrenar.
—Será verano.

Te has vuelto a dormir y no soñaste. Ese minuto perdido, como los meridianos, como las horas que desaparecen al traspasar los meridianos, sabes que es mentira. Tiempo que solo fue tiempo.

... y en realidad resultó ser una gatita, después de todo.

Lewis Carroll

Sueñas que crecer
es conformarse.
Despiertas de la pesadilla
tan satisfecha.

Este aire hermético condensa el calor de trescientas noventa y ocho respiraciones. ¿Cuántos, como tú, contienen el aliento? Reparten mantas.

Cuando estás muerta estás quieta,
estás desnuda y estás a salvo.

Lo doloroso son esos entretiempos en los que respiras.
Mientras la vida te mengua y te crece,
vistes y desvistes la piel para esconderla del frío, del calor,
que no son graves, –dicen ellos–,
pero son inesperados.

Disfrazarse de tibieza a cada rato tiene eso:
llevar mil prendas en los bolsillos, en las orejas.
Acaban pesando puestas o guardadas. Rígidas. Ásperas.
Tanto pon y quita hace unas llagas terribles.
Pican como una urgencia y muchos arrepentimientos.

Sospechas las cicatrices.

En todos tus trayectos, siempre unos ojos sentados tan cerca. Enamorarte del 27-C por inercia. La supervivencia de la especie, el instinto, es también un ejercicio de masoquismo.

Una versión distinta:
esperar los ojos
las manos
la lengua
el deseo
en ti,
en alguien
que antes no existía
y ahora tiene cuerpo,
un cuerpo inmenso
alimenticio
narcótico.

Una versión distinta
del hambre,
del sueño.
Imprescindible. Irremediable. Inasible.

Una versión distinta,
premonitoria
de la ausencia.

Y, aún así,
esperas que sea
una versión distinta.

Una voz eléctrica anuncia la demora. Recuerdas la puntualidad de alguien que perdió la paciencia.

Este dolor tan insatisfecho
que vamos arrebatando al fracaso.

Mario Álvarez Porro

Te conformas con rasurar.

Aceptas la brevedad del resultado.

Renuncias al dolor. A arrancar de raíz.

Escoges la poda. Incrementar la frecuencia.

Después, te masturbas:

sus dedos

no llegarán a tiempo de lo suave.

En todos tus trayectos, siempre la punta de un codo invade el reposo de un brazo. Hoy es tu brazo el que busca reposo, asidero. Tacto, puede. Eres conformista. Por eso, y porque la resignación no cura el miedo, aprietas los dedos contra la lana. Escuchas en las encías la dentera. La fibra natural no consiente la fricción. Se te ha contagiado la piel, la carne, de la memoria táctil de tu rebeca. Reflejos retráctiles. Debiste aligerar la carga. Lo piensas ahora. Adaptarte al destino tropical. Pensaste solo en el aire acondicionado de los aviones en verano. Pensaste solo en sobrevivir al trayecto.

Te sumerges en el calor apestado de azufre.
Si tienes la paciencia de estar quieta hasta quemarte,
de hacerte a la rojez y no notarla,
olvidarás el frío.

—Los cráteres de Verne se cierran escociendo.

Saldrás desnuda al blanco.
Olvidarás la prisa
o llegar.

En todos tus trayectos, siempre una mujer embarazada. Un polizón. Sufren –dicen–, por la presión del aire. Por la estrechez de los tímpanos, del pecho. Ellas se apropian de los pasillos. De las sonrisas cómplices, jueces. Tú también contradicción. O antes. Contraimaginación. O después. Contranatura. ¿En qué momento decidiste ceder el asiento? ¿En qué momento, viajar sola?

Mucho más tarde
   [ya era de noche]
la ginecóloga dijo:
—Claro, si no has tenido tiempo.
Y tú pensaste en las ganas.
Saturadas, como las ganas de tu abuela.
Hormonales aprendidas educadas.

Tú pensaste en las ganas.
Saturadas, como el café de tu abuela.
Por el poso y por aquel azúcar negro que con los nietos
ha perdido oscuridad.

Tú pensaste en las ganas.
Saturadas.
Tan cortas, las tuyas. Duraron solo hasta pensarlo.
A solas.
Con el formulario tan cuidadosamente lleno.
Con la nevera tan descuidadamente vacía.

No era un ahora no: era un no seco.

Luego, con los días
    [solo los días, las noches son de otra manera y dicen
    cosas que son huecas]
se fue llenando la nevera.
Y el formulario desapareció como un testamento
anónimo.
Y con él debió disolverse la espera saturada:
hormonal o aprendidad o educada.

Y los días, cada uno con su noche,
    [pero de otra manera, con otra música, sorda]
suceden hacia otro sitio.
No han dejado de pasar
    [como las noches, pero de otra manera, por otras
    calles, vacías]
cada uno saturado, sin esperar al siguiente.

Otro entretenimiento. Este lo inspira el eco. Inventas la conversación 14-A – 14-B. ¿Qué hora es? ¿Dónde? En este arriba. Siempre. Todavía. Ninguna.

Benet Rossell según Joan Vigó

Pasa que hoy es
una tarde que llega pronto
y no dio tiempo.

Pasa que hoy
tampoco entiendes algunos
versos.

Pasa y mientras,
dibujar las casas,
los tejados a dos aguas
a horcajadas
frente a los rascacielos.

Pasa de largo
esta tarde que pudo
haber sido si hubiese sido
tarde
un poco más.

Otro entretenimiento. Este lo inspira la resistencia. Piensas en la primera vez que llegaste. Extranjera. Contagio. Genética. ¿Qué escribiste? ¿Hacia qué? ¿Quién al otro lado?

Me aferro a la luz del sol.
Sé que un día las nubes
ya no se irán.

Ale Oseguera

Quieres pararte como los mexicanos:
en pie.
Ver más lejos. Ver antes. Prever. ¿Hacia adelante?
Miras a los lados.

—Es en las esquinas de los ojos donde se rueda el
tiempo.

Estos ojos tuyos tan redondos…
Esta poca altura tuya…

Caerás.
Querrás sentarte a escribir lo que se mueve.
Serás capaz de escribir solo las sillas.

Todavía en el rodeo, en el volver atrás antes, desechas la oportunidad de la ventana. La oportunidad de resistirte, brevemente, a la extinción del mientras.

Hasta que pueda ver con los ojos cerrados
el dolor que ya veo con los ojos abiertos.

Antonio Gamoneda

Encuentras cierto placer en contemplar
cómo se cumple en ti la ley de la entropía.
Un placer de rascarse encima de la costra.
De reescribir el tatuaje.

Escribir es contrario a ese placer.
Un trampantojo con muy mala leche.
Sin puerta detrás.
Un trampantojo del trampantojo.
Un timo profesional.
Un masoquismo.

Encuentras cierto placer en predecir
cómo la ley de la extinción se cumple en tus palabras.

En todos tus trayectos, siempre alguien que fotografía una ventana. Un marco. El paisaje no es importante. Lo importante es el paso. El camino no necesita demostrarse. Es el pie. El crujido.

El lugar y el no lugar son más bien polaridades falsas:
el primero no queda nunca completamente borrado
y el segundo no se cumple nunca totalmente.

Marc Augé

Todos guardan fotografías de las obras.
Todos escriben el progreso de las obras.

Del tiempo en que nada,
del descampado, de la ruina,
no hay fotografías.
No hay relatos.

¿Con qué luz?
¿Con qué palabra este silencio?

En todos tus trayectos, siempre una demostración:
retroceder no significa tomar impulso.

Todo lo que pasó una vez en este mundo, sigue todavía
pasando, pero más lentamente, más lejos.

Eduardo Ruiz Sosa

Evaluación I. HISTORIA

Atrás, una ristra de percheros repetidos.
Cuelga, cae una vida de cuadritos rosiblancos –el
dobladillo deshecho, tierra en los puños, un caramelo
prohibido pegado por dentro al bolsillo–. Una vida
de cuadritos rosiblancos bajo un nombre en
redondilla que ya no recuerdo.

Evaluación II. LENGUA

Ahora sabes que un lagarto es:
    1. adj. desus. Un olor de sábanas en la azotea de
    tu abuela.
Y, si es pequeño:
    2. f. Arq. Una grieta viva en el muro encalado de
    la galería.

Y, si está tu hermano:

    3. m. Alq. El milagro de la resurrección de una cola.

Y, si nadie vigila:

    4. disyunt. La desaparición de una dinastía de golondrinas.

Ahora, con certeza, no sabes nada.
Te suspendes.

Evaluación III. CÁLCULO

Con la insistencia del encostrarse las rodillas, vuelves a preguntar: ¿cuánto falta?

Y a la velocidad del escalestric pasan todas las horas del patio. Las de los viernesdejunio y las de los m i é r c o l e s l l u v i o s o s.

Sigues esperando unas matemáticas nuevas a mediados de septiembre. Aunque haya que pasar todo el verano borrando soluciones.

– viraje –

Hay, antes de la calma, otra pausa.

De otro color. Iridiscente. Como los cromos buenos.

Se podría decir incluso que luminiscente. Como los
tentáculos de las bestias abisales.

Habla en un acento como del sur pero muy acelerado.
En sílabas radio
>
> de rueda
> de bicicleta
> de velocista.

Tiene la textura del líquido y del gas y del granizo rabioso
de los lugares donde hace un frío de piedras.
> Un frío como una sorpresa de golpecitos mortales,
> fatales, sobre las frentes y sobre las margaritas. O
> peor, sobre las amapolas.
>> Pobres tristes amapolas. Tienen una pausa tan
>> sensible. Pero se reproducen rápido, tienen un
>> consuelo.

Hay, antes de la calma, otra pausa que congela las
extremidades y los torsos. Congela todos los movimientos
del cuerpo móvil que cuelga de las sienes.

Vive en las sienes. Centrifuga las sienes.

Se instala en sus motores eternos como un péndulo mágico.

Tac. Tac. Tac. Tac. Pero mucho más rápido.

Como los motores de los aviones.

No he visto nunca los motores de los cohetes.

No puedo comparar.

Ahí es un dolor. Antes de la calma, la otra pausa. Ahí.

Detrás de los párpados.

Los párpados son en realidad mucho más grandes que los ojos: abren y cierran cabezas enteras. Pero no los vemos. Claro. Solo vemos la sección suave que tapa los ojos por reflejo o por dormirnos.

Dormimos en un espejo seriado temiendo que se rompa y nos corte las yemas de los dedos dormidos.

Ahí es un dolor. Una pausa que duele.

- Por la rapidez y por la circunvolución del movimiento.
- Por la cantidad de lugares que visita.
- Por la cantidad de tiempos que detiene en ellos mismos yendo de uno a otro.

Una pausa

- por exceso de movimiento.
- Por escasez extrema de contemplación.
- Por imposibilidad de percepción.

Por eso parece iridiscente y congelada y está detrás de los párpados y a veces tapa las amapolas y las margaritas y las sienes.

Hablo en esa pausa revolucionada. Extra revolucionada. Supra revolucionada.

    Con palabras circulares.

      Radio

          de rueda

          de bicicleta

          de velocista

Y me sale de la boca cerrada un idioma esférico.
Incomprensible.

    ¡Pero claro que puede decirse y escucharse en esa pausa!

Saco fotografías en esa pausa dolorosa. A todo color.
Polaroids.

    La imagen aparece detrás, negra: la vela el movimiento de la luz.

        El espacio exterior tiene luz, pero anda muy deprisa. A nuestros ojos parece la noche pero es el siempre.

Escribo en esa pausa dolorosa.
La caligrafía resultante es ilegible.

    ¡Claro que puede leerse y escribirse en esa pausa!

Pero muy rápido.

Muy rápido.

Los hombres cuerdos hemos aprendido a esquivar esa pausa.

- Con vino.
- Con una conversación con alguien que sí está quieto.
- Con enamorarnos.
- Con reproducirnos.

Los hombres locos no.

Los hombres locos no aprendieron.

Tienen siempre una de esas pausas dentro de los párpados.

Mueren muy jóvenes, de agotamiento, por desgaste, como las rótulas de los esprinters.

Radio
de rueda
de bicicleta.

Los hombres locos no saben esperar.

Los hombres cuerdos escriben en la pausa dolorosa.

Los hombres locos también escriben, pero siempre.

– inbound –

Relajo la soga que me sujeta a la norma y escribo, torcida, en un margen: los aviones aterrizan como los poemas; solo adelantándose al presagio encuentran el destino.

De la espera,
del yugo de la espera,
de la cuesta sisífica de la espera,
tienen la culpa las nostalgias.

Por eso, la amnesia.

Es imperioso abalanzarse:
lanzar la losa al abismo;
vendar los ojos;
mirar con los pies el camino;
parar de andarlo.

Dedicar la eternidad a una palabra
que sea lo mismo ahora
que ahora.

Un ahora produce más vértigo que cuarenta miles de pies de altura. Ir, más que caer.

Una depresión es un valle.

Un desierto es un valle.

Un cauce es un valle.

El vértigo ejerce una gravedad formidable:

ahonda el paisaje hasta lo tectónico.

Un valle es seguro si no miras hacia arriba.

—O bien,

En lo escrito hay tiempo.

Un cansancio absoluto lo empuja.

Hacia adelante.

Hacia abajo.

En la desaparición de la rayita azul, parpadeante, de las pantallas, advierto el significado de la sombra. De la memoria de la luz. Del tiempo.

Y la luz parece eterna
Y la alegría parece inexorable
y soy tan necio que la encuentro siempre en el viento.

Frank O'Hara

Evito los claros.
La rapidez de la hierba.
La exposición a los quebrantahuesos.

En el sotobosque,
sin obligación de crecimiento,
es más fácil entender que la luz
es un milagro.

En la ventanilla, una malla de luciérnagas artificiales. Un tapiz abajo. Un tapiz arriba. También la luminiscencia de los huesos explica las ánimas. Miro. Creo. Brillo por los ojos.

Llevo en un plato el alma
al festín de los años futuros.

Vladímir Mayakowski

Otoño significa
que una hoja en movimiento
puede estar muerta.

Yo significo abril.

En todos mis trayectos, siempre un asiento vacío. Una posibilidad sin posibilidad.

La ausencia es un interminable cauce seco que hay que ir colmatando.

José Manuel Caballero Bonald

Ese tiempo que escupes al toser
que se va del cuerpo en un espasmo,
ese perdido sin gastar,
ese nonato muerto,
dame ese.
Yo lo regaré.

La luz de la cabina debería ser azul. Un reflejo. Pero solo es turbia. Los cristales curvos transparentan hacia adentro.

BLUE

Derek Jarman

De tan lleno de cielo y nada más,
de tan vacío,
parece este cielo menos cielo.

Escojo volar. Ir rápido. No aprendí la paciencia. A pesar de la extinción, de la inminencia, *este deseo aviónico de final*. Este urgir.

Toda nuestra verdad es no tenerla.

Roberto Juarroz

Extraño los trenes de entonces
cuando eran todos ciertos
como las llegadas y los destinos.

Partir sin escaparse.
El sol a la espalda y pisar la sombra.

Asustarse bajito del ruido. De la velocidad.
Saber seguro que las piernas se harán altas.
Que salvarán el escalón que separa el viaje
del deseo.

Otra ventaja de volar es la constancia. Por la ausencia de escalas. El asiento de al lado lo ocupará el mismo alguien desde el principio. Hasta el final. Las empresas de aviación, como las del café, se llaman compañías.

sorprende veros

alegría a raudales
tristeza en flor

Joan de la Vega

Das la curva.
Sigo recto.
Y aún así me va a parecer siempre
que andamos juntos.

Seguirás diciendo:
«aquí mi hombro».
Seguiré esperando:
«aquí mi abrazo».

Estaremos bien.
En tu certeza.
En mi aguardarte.
Los dos en medio siempre
del camino.

En todos mis trayectos, siempre el descubrimiento:
el vaho en los cristales revela la palabra del frío.

O home permanece ancorado á súa forma

Gonzalo Hermo

Lo masculino de mí
es esto: un glaciar.

Pero este calor
imprescindible.

Una mujer me está
desapareciendo.

Lo masculino de mí
es esto: goteo.

En todos mis trayectos, siempre muchas preguntas. ¿Quién decide en qué milímetro la rueda toca el suelo?

—Espera. Avísame.
Y pasan minutos y saliva de resistencia.
De batalla cada cual contra sí:
a favor del otro.

Se nos olvida que coincidir en el tiempo no es una
comunión.
Que el éxtasis es por definición individual.
Que estamos menos solos en la agonía gloriosa de urgirlo.
Que ni esto ni el amor entienden de compás. De aviso. De
espera.

91

En el pinchazo en las rótulas, presiento el desierto frente al panel de llegadas. A largo plazo, un espejismo es un destino al que llego siempre con retraso.

Quiero decir que yo te quise siempre
porque tú me llegaste del final.

Jordi Virallonga

Qué bonito hubiese sido que mintieras
cuando dijiste:
«no te esperaba.»

Llegar sola significa que el viaje desaparecerá.
No será contado. Oído. Un poema sin diálogo.

Claudia Piñeiro dijo que Mauricio Kartun dijo que
Antón Chéjov dijo: *El drama no está necesariamente en
subir al Himalaya. El drama puede estar en un hombre y
una mujer cenando un plato de fideos sin mediar palabra.*

Demasiado blandos.
Los dejé al fuego sin más y cuando fue la hora de
cenar los emplaté.
Se recocieron mientras algo.
Mientras otra cosa.
Mientras
lo que no digo.

Demasiado fríos.
Llegó tarde y ya estaban fríos.
Porque tenía que terminar algo.
Se enfriaron mientras algo.
Mientras otra cosa.
Mientras
lo que no dice.

Seré un mal presagio. Llegaré de noche. Como Ella.

—Nos morimos casi siempre de noche.
—Es lógico.

Toni Clapés y María Negroni, un 25 de enero

Nos morimos casi siempre de noche.

Me preguntas por qué.

No entiendo tu pregunta. Tu sorpresa.

En qué preposición, signo, ceja, tu sorpresa.

No entiendo qué palabras no entendiste.

Qué significan:

Nos

Morimos

Casi

Siempre

De

Noche

Ahora es de día y pienso que tú y yo

casi siempre nos hacemos las preguntas de noche.

Y el amor.

Once horas cruzando. El naufragio es posible, todavía. El fallo es más frecuente en los finales. Cruzo los dedos de la mano derecha. Por la explosión. Cruzo los dedos de la mano izquierda. Por el chaleco. Estoy, sigo, cruzando.

Tim Berners-Lee

Confiar en el error.
En la inevitabilidad del desastre.

Desbordará el naufragio y soltaré ancla en la cumbre de
la espuma.
Se borrará de tu vista este mástil.
Esta balsa.

Celebraré la batalla, una más, contra la cama fría
en la que guardo, curo,
la herida con el hilván de otras manos.

Mientras, deja que te abrace los tobillos
en el acantilado plano donde se alban los días.
Agota la estadística en cada segundo que pasas
contemplándome.
Invéntame así, como ahora,
sonriendo un minuto entero como si no pudiera ser el
último.
Achica el agua de a poquito.
Cree.

A ti, que presumes el azar y las revoluciones, te será
fácil culpar al monzón.
Olvidar pronto una tarde,
esta de hoy podría serlo,
tan equivocada,
que también yo dudé del error
o lo dejé para mañana.

Soy un mal presagio. Llegaré a la ciudad atravesando una nube negra. Soy un buen presagio. Llegaré a la ciudad cargada de agua.

Romper un silencio así no tiene perdón.

Standstill

Un trueno pequeño,
del tamaño de un no
de un contigo no
yo no contigo
y cae sobre la catedral la carga de la catapulta.

Puede que sea ese,
por inesperado
o por no haber visto nadie más el hundimiento
el que quiebra los arbotantes
el que lloran en la cripta los ángeles de piedra
o alguien que vuelve tarde a casa sin paraguas.

Un estruendo pequeño
y el bosque es ceniza
y la casa es ceniza
y un cuerpo, pequeño como un golpe,
es ceniza.

Un ruido pequeño
y volverá a llover
y alguien rezará
para que sea dulce el agua.

En el último momento, cambio de asiento. Abro una posibilidad. Elimino una posibilidad. Miro: desde aquí, podría decir que este es otro avión. Otra ventanilla. Pero algo es inmutable. El paisaje, a la distancia suficiente, no cambia.

Reparten números.
Guardo
el mío en el bolsillo. Plano
en la palma y, a medida
que la humedad que lleva siempre pegada la prisa lo
contagia,
el número cada vez más palma. Más
número la mano.
Cuento.

Recorto el fondo y miro
a los otros uno dos tres cuatro. Invento
un orden y confío en acertar la posición que será
la próxima. Que será la mía.
Pero el orden, no lo he entendido, ya existía antes que los
números.
Cuento.

Cada tanto, alguien
abandona su asiento y se dirige a la puerta. Un Dios
formidablemente malévolo
colocó fuera la puerta o quién sabe si no
la puso nunca.
Cuento.

Cada tanto, una palma
es angustiosamente acariciada por dos
tres
cuatro
yemas hasta que
se desprende la tinta, la prueba, el orden, el derecho.
Alguien
que no soy
entra. Queda
un número prendido a una palma después
de apagarse todas las luces.
Cuento.

Me pregunto si
alguien se olvidó de contarme.
Si desapareceré también. Si no
era esta mi fila y ya perdí
la tanda. El orden, no lo he entendido, dejó de existir
antes del reparto.

Apenas noten el suelo, se levantarán. Colapsarán los pasillos. Sumisos, bajarán las cabezas. Los compartimentos para el equipaje, flagelos de las nucas. Lo veré todo desde aquí. Reclinaré el respaldo. Reposaré los talones. Disfrazada de paciencia, la apatía no es pecado.

Miquel Barceló

Me sospecho una naturaleza horizontal.
Erguirse me es pasmosamente ajeno.

Un probable error evolutivo:
o bien soy anterior, pez;
o bien, especie novísima;
o bien, singularidad descartada.

Demuestro la desidia como estrategia de
supervivencia.

A esta distancia oruga del principio, a esta velocidad colibrí del final, comprendo, perdono, a mi refranero. Mi refranero con su pañuelo negro cubriéndole la melena rala. Ese aprisarse despacio de sus sienes. Esa manera suya de volar sin aeropuertos. Esa certeza suya, final.

Esta espera empapada de prisa
tiene una temperatura como muerta
tiene una humedad casi de espuma
casi de baba casi
de sirena ahogada.
Esta espera es
un anticipo.

Esta espera
espera
secándose en la orilla de un invierno
a que seas una ausencia pequeña
de la medida del hueco entre costillas
que ocupa ahora el miedo a verte irte.
Esta espera es
un vaticinio.

Aguardar de garbanzos en serena
a la gota al granizo a la tormenta
que rebose tu aquí ahora
con el pañuelo prieto en el bolsillo
presto a recoger el demasiado el sobresalto la
catástrofe de agua
que quede de tu estar
cuando se quiebre la presa de tu tiempo.

Esta espera es
los pies mojados
que saben que es noviembre y piensan mayo.

No me regañes.
No es gastar la vida dulce en el plañir.
Es correr desesperada hacia el después.
Buscar la inercia formidable que me falta
para saltar el foso de llorarte cuando caigas.

No me sueltes ahora de la mano.
Solo contigo haré el milagro que me cure
de este mal cosido al bien de serte hija.

A tan poco del final, el tiempo del trayecto se diluye. Por lo quieto, quizás. Por la distancia, tan poco real. Me tienta una posibilidad: permanecer en tránsito. En el no tiempo de la cabina de un 747. En el no lugar de la cabina de un 747. Aquí, ahora, la inercia es una ley naturalmente relativa.

Pero incluso la muerte tarda.

Jordi Virallonga

En los días largos, una velocidad subliminal,
extrañamente lenta, mantiene en movimiento perpetuo
las imágenes.
No alcanzan el nervio óptico.
Atrapadas en la retina intentan saltar al occipital desde
las manos que se frotan compulsivamente hasta que la
noche se vuelve clara.
Blanca.
Como el pitido de la carta de ajuste.

En las noches largas ningún fantasma aparece para
apagar el televisor.
Para apagar el interruptor.
Todos los interruptores.
Un voltaje caduco se resiste a abandonar la instalación y
parpadean, erráticos, los párpados la pantalla los
espasmos de la pierna derecha bajo la manta de lana
sobre la forma cóncava que saben de memoria inversa
los cojines.

Permanece algún calor, alguna chispa.

La vida yéndose no acaba de marcharse.

Aunque no la espere nadie.

En ningún sitio.

Para nada.

Pero es radical esta pereza mía. La conciencia de estar yendo, agotadora. Y aún así, en los nudillos, prisa. Infranqueable búsqueda –natural, humana, suicida–, del final.

¡Tanta vida y jamás!
¡Tantos años y siempre mis semanas!

César Vallejo

Se me ocurre la resaca en la orilla.
La indecisión del agua entre la arena y el abismo.
Cómo desaparecer.
Con qué fundirse.

Se me ocurre así porque hoy también
tampoco me decido:

seguir remando

/

izar la vela

/

hundir la barca

Me alivia saber que no es importante.
Que el final lo escoge siempre el viento.
Que llega.

En todos mis trayectos, siempre, callo. Cierro los ojos. Puede que sea por la altura. Aquí es más fácil que el tiempo pase hacia adentro.

Huir el rostro al claro desengaño.

Lope de Vega

Solía pedir siempre ventanilla,
        –cuando volaba.
La cabeza encaja ahí.
Ahí puedo dormir. Todo el trayecto.

Me pasa desde siempre, dice mi madre,
        –cuando decía.
Desde la cajita transparente en la que no llegué a crecer lo
que faltaba pero me dejaron salir igual.
Yo no me acuerdo. Porque era muy poco. O porque
dormía.

Sitúo la cama pegada a la ventana
        –cuando tenía cama.
Y cada vez más las sillas y los divanes y los cubos de
basura, y los espejos:
pegados a ventanas. Para poder dormir.

Me desconcierta esta falta mía de interés por lo de afuera.

En todos mis trayectos, siempre alguien teme. Otro entretenimiento. Consolarme en lo inocuo en mí de estarse quieta. De no estar.

Si vivo sin reconocer la devoción, el auxilio.

Pilar Adón

Que nadie llame a los bomberos.
Que acudan tarde,
perezosos o pacientes,
los vecinos
muchos días mucho
más tarde que el aire,
que el golpe, que el último
segundo de la espera.

Que alguno cuide de las plantas
libres por fin de la venganza desidiosa
que infringimos los muertos,
perezosos y pacientes,
a los que tienen lleno el tiempo,
la cama o las macetas.

Que igual que siempre nadie se dé cuenta
del feliz derrumbe de la casa,
del feliz derrumbe del poema,
perezoso y paciente,
tan inapropiadamente lleno
de gritos.

En todos mis trayectos, siempre lo imprevisto superado. La voluntad. A pesar de todo, a pesar de mí, *ir. Llegar. Tal vez volver.*

La soporto así: prediciendo la finitud.
Solo en lo que ya no
hay eternidad. Certeza.
Me acomodo a la duda porque sé
que estaré muerta
cuando deje de esperar el final.

Como en un recuento, elaboro la estadística: cuánto se ha perdido, qué queda. Afronto la caída. En el eje horizontal, quietud. En el eje vertical, catástrofe. Solo yo mantengo el pulso suspendido. Algún tipo de fe. Una espera.

Primero tristeza, luego justicia, luego sentido. Lo demás es caos.

Ian McEwan

Renacido, lo lácteo es provisorio.
No llegará todo el hueso a la tierra.
Ese, el que se ve, el que se lame,
el único a la intemperie,
el que muerde,
se disuelve.
Se traga.

NOTAS

Las citas que aparecen traducidas corresponden a las versiones de Ana Mª Moix, (Samuel Beckett); Jaime Zulaika, (Ian McEwan); Francisco Torres Oliver, (Lewis Carroll); Pilar Vázquez, (John Beger); José Luis Reina Palazón, (Anne Sexton); traducción propia a partir de la versión en català de Xènia Dyakonova, (Frank O'Hara); José Fernández Sánchez, (Vladimir Mayakowski); traducción propia, a partir del título que aparece en el manuscrito original del poema, (Stéphane Mallarmé) y traducción propia, (Claudio Ely).

La "cita" de Miquel Barceló no corresponde al nombre de una obra del artista, (como sí lo es BLUE). Es un título inventado para la obra tallada en madera, de Barceló, que decora el estuche de la edición del autor del *Aurea Dicta* (La Casa dels Clàssics, 2018).

Los versos en cursiva son apropiaciones de poemas de Pilar Adón, (pág. 57); Magda Portal, (pág. 84) y William Shakespeare, (pág. 128).

Gracias, Joan Vigó, Joan de la Vega y Eduardo Ruiz Sosa, por la fe y por los tachones.

SUMARIO